IL A DIX-NEUF ANS

IL A
DIX-NEUF ANS

PAR

ÉVARISTE BAVOUX

Conseiller d'État de l'Empire

PARIS

E. LACHAUD ET Cie, ÉDITEURS

4, place du Théâtre-Français, 4

—

1875

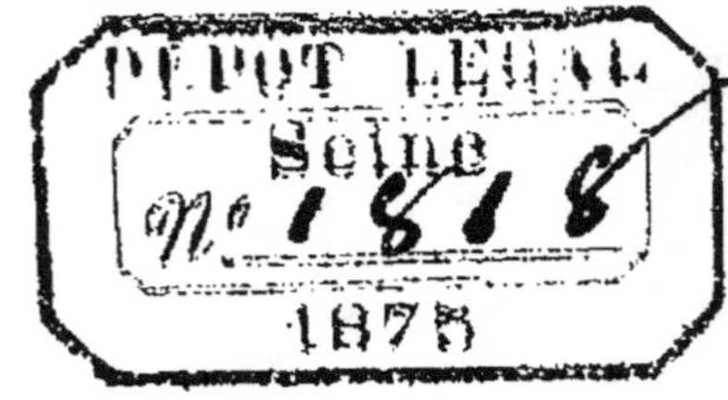

AVANT-PROPOS

I

Au 16 mars 1875, Il a dix-neuf ans.

A dix-neuf ans, Il n'est pas trop jeune.

Voyez-le studieux, réfléchi, méditatif, pé-
nétré d'un sentiment profond : celui du devoir.
Voyez-le enfant, gai, rieur, étourdi, puis tout
à coup sérieux. Désireux d'apprendre, Il écoute,
Il interroge et compare. Simple et naturel, Il
demande ce qu'Il ne sait pas ; Il a l'ardent désir
de savoir. Il y fait tous ses effors, et cherche
avant tout la vérité. Sincère dans ses amitiés,
Il est charmant de franchise et d'élan. Il est

doux et résolu. Il a toutes les grâces de la jeunesse, toutes les aptitudes intellectuelles et physiques : agile, adroit aux exercices du corps, aux armes, à cheval, à la natation, Il parle l'anglais, les langues vivantes. Esprit fin, distingué, pensif, instruit ; caractère bon, simple, aimable, comme était son père, sans jamais autoriser, plus que lui, la familiarité. Intelligent, mûri par l'infortune et l'exil, Il se fait une loi, comme Titus, de ne pas perdre une heure de la journée. Ame haute et généreuse, nature élevée ; attitude noble et modeste à la fois ; affable, cordial, Il a de vrais amis.

Il a pleine conscience du rôle qui lui est réservé par la Providence. Il s'y prépare, voulant s'en rendre digne.

Formé par les leçons du malheur et les souvenirs de son père, Il est doué d'une raison précoce. Au début de la campagne désastreuse de 1870, à ce premier engagement d'Hazebrouck qui nous promettait un succès, Il a reçu, près de l'Empereur, le baptême du feu, hélas ! bientôt meurtrier : bientôt la mort de son père ; bientôt pour lui l'exil et les douleurs poignantes ; bientôt la dure épreuve et la nostalgie sur la terre étrangère. Pour toute consolation, l'étude et les visites des amis fidèles. Ni l'une ni les autres ne lui ont fait défaut, et ont fait de lui un homme, un prince.

Sous la tutelle de sa mère, Il s'est préparé. Il est prêt.

Il est prêt, comme étaient prêts avant lui sur ce trône imposant de la France des fils de souverain, comme lui, jeunes ; héritiers, comme lui, de la couronne paternelle.

« Jeune, brillant, traînant tous les cœurs après soi... »

. . . .

« Le seul bien qui me reste et d'Hector et de Troie...

. . . .

« Voilà ses yeux, sa bouche, et déjà son audace. »

Oui, l'audace, la résolution de son père, sont en lui. On peut compter sur lui.

Charlemagne avait vingt ans lorsqu'il fut couronné par le pape Étienne II ; Lothaire, Charles le Simple, dix-neuf ; Philippe-Auguste, quinze ; Saint-Louis, onze ; Charles VII, dix-neuf ; Charles VIII, quatorze ; François Ier, vingt et un ; Louis XIII, huit ans et demi, et Richelieu ! Louis XIV, quatre ans et demi, et Mazarin ! Louis XVI avait vingt ans.

De grands souverains étrangers à la France ont régné ailleurs, jeunes, avec éclat. Citons au hasard Édouard III, Pierre le Grand, Charles XII.

Non pas assurément que l'enfance et la juvénilité soient une recommandation absolue au rôle redoutable du gouvernement des hommes. Mais l'histoire est là cependant pour attester les exemples fréquents de semblable mission remise par la Providence en de jeunes mains, même à des époques difficiles. Et ce ne sont des exemples ni rares ni malheureux. Ils constatent d'ailleurs qu'en fait la plupart de ces jeunes princes, chargés prématurément de cette lourde responsabilité, ont trouvé dans leur jeunesse même un certain prestige, protecteur de leur noble tâche, et, quand la nature les a favorablement doués, de certains encouragements, de généreuses inspirations. C'est ainsi qu'ils peuvent dire avec le poëte :

« Je suis jeune, il est vrai ; mais aux âmes bien nées,
« La valeur n'attend pas le nombre des années. »

La nomenclature historique de ces chefs appelés avant l'âge de vingt ou vingt et un ans à la rude tâche du gouvernement est curieuse.

Nous allons ici en chercher un aperçu.

Elle offre, il faut le reconnaître, cet intérêt particulier que la précocité de l'âge s'est vue aux prises avec des époques plus troublées et plus graves.

Aujourd'hui assurément nous assistons à une de ces épreuves solennelles.

Eh bien! il se trouve que dans cette compétition des partis, au milieu du chaos social qui nous environne, un seul drapeau semble flotter sur nos ruines, populaire et salué par les espérances patriotiques de la nation aux abois. Ce drapeau est celui du suffrage universel.

Dans notre détresse commune, une seule perspective de salut apparaît à nos regards : l'appel à la nation elle-même, désireuse de se sauver, et le pouvant, car elle est maîtresse de ses destinées.

L'Empire, s'il revient, a en effet cet avantage, comparativement aux autres gouvernements en antagonisme actuel avec lui, d'être connu, sans équivoque possible, dans son essence, dans ses éléments substantiels : c'est le principe d'autorité, puisé dans la souveraineté nationale, adopté, consacré, fortifié par elle.

C'est la forme autoritaire la plus conciliable avec la liberté moderne, dont elle émane, qu'elle personnifie forcément, naturellement.

Toute autre forme de gouvernement aujourd'hui, en France, après tant de secousses, de bouleversements, de cataclysmes, semble un compromis provisoire, précaire, menteur, anonyme, suranné, parasite et paralytique.

La Légitimité, malgré sa majesté quinze fois séculaire, apparaît comme une ombre, comme une exhumation d'un passé inconciliable avec les mœurs modernes, comme un souvenir antédiluvien.

L'Orléanisme, perdu dans son impopularité, dans les méandres de ses sinueuses intrigues, prend le masque de tous les personnages dont il se fait le comédien : traître à sa famille, il l'a maintes fois supplantée, se faisant tour à tour, selon les conseils de son ambition, de son avidité d'argent, monarchiste ou républicain ; affectant un respectueux repentir par la fusion ; et l'insubordination, les supercheries parlementaires, pour éluder les humiliations du pacte de famille.

C'est un surnumérariat permanent à toutes les fonctions rétribuées, lucratives ; une candidature innomée à tous les emplois, petits et grands, aux débits de tabac pour les femmes, au fonctionnarisme général, depuis le poste le plus subalterne jusqu'au trône ou à la présidence de la République pour les hommes. Car c'est un système d'hermaphrodisme politique, aussi impuissant qu'agile en jongleries parlementaires, depuis *la Fronde*, de si honteux souvenirs pour Gaston d'Orléans, jusqu'à la corruption de la Régence de Philippe et jusqu'au vote de Philippe Égalité (1).

La République conservatrice, modérée ou immodérée, doit être maintenant jugée à l'œuvre. N'en parlons plus, au point de vue de gouvernement stable, sérieux, définitif, si ce n'est comme d'une épreuve. C'est un expédient provisoire.

Il n'y a donc qu'une combinaison possible, définitive : le retour à l'Empire.

L'Empire seul sort des entrailles du pays, dont le sang circule dans ses veines et l'anime de sa vitalité.

Le lendemain de son retour, il est sur ses pieds, retrouvant son personnel tout formé, ses traditions si précieuses et si vivantes que, depuis quatre ans

(1) Ce n'est ni volontairement ni volontiers que se produisent ici ces vivacités de langage, qui devraient être bannies du vocabulaire politique. Malheureusement elles sont ici même dans le droit de légitime défense et à l'état de représailles, du moins historiques (*), sous le feu des violences et des fureurs orléanistes contre l'Empire, qui, dans les dernières années particulièrement, leur avait livré les étoiles militaires du commandement, les portefeuilles, les clefs du gouvernement.

Et Dieu sait l'usage qui en a été fait !

(*) Dès 1484, Louis d'Orléans, depuis Louis XII, *s'alliait, au besoin, avec les souverains ou les princes étrangers*, le roi d'Angleterre Henri VII, le roi d'Aragon Ferdinand le Catholique, Maximilien, archiduc d'Autriche, *sans grand souci des intérêts de sa propre maison royale et de sa patrie*. (Guizot, *Hist. de France à mes petits-enfants*, t. II, p. 464.)

de dénigrement et de haine, ses successeurs incapables n'ont pu vivre que d'emprunts maladroits à ce régime, à ces institutions décriées, exécrées par eux. Un coup de télégraphe ! et chacun est à son poste. La confiance, l'ordre, la prospérité reparaissent comme par enchantement.

Le scrutin, source de toutes ces merveilles, propage la foi populaire, qui en jaillit avec éclat et détruit tous les dissentiments.

Du jour au lendemain, les haines s'assoupissent et s'éteignent sous l'omnipotence de l'arrêt souverain, du verdict national.

Qui oserait, après sa proclamation, élever la voix, exprimer une dissidence isolée ? Personne, personne ! Voilà qui constituerait, après tant d'années d'anarchie morale, sociale et politique, la force, l'autorité immédiate, soudaine, prévue, fondamentale, calme, féconde, modérée du nouvel Empire, du jeune Empereur.

Est-il trop jeune à dix-neuf ans ?

Interrogeons l'histoire. Interrogeons le pays.

340 ans av. J.-C.— Alexandre le Grand, à seize ans, remplaçait Philippe, roi de Macédoine, assiégeant alors Byzance.

336 ans av. J.-C. — Alexandre, à vingt ans, monte sur le trône.

43 ans av. J.-C. — Le jeune Octave, qui devint Auguste, fils du sénateur C. Octavius; et neveu de César, était né à Rome l'an 63 avant J.-C. Tout jeune il avait perdu son père et fut adopté par son oncle. Il étudiait en Grèce quand César fut assassiné au milieu du sénat. Il avait alors dix-huit ans, et accourut à Rome pour y recueillir l'héritage de son père adoptif.

A son arrivée, il revendiqua, et, malgré sa jeunesse, obtint d'Antoine la restitution d'une partie de son patrimoine appréhendé par celui-ci, qu'avec les consuls Hirtius et Pansa il poursuivit jusqu'à Modène. Poursuite à laquelle il mit cependant fin, en s'apercevant des efforts d'un certain parti à les perdre tous deux dans leur antagonisme mutuel. Et il y renonça dès lors, en se rapprochant désormais d'Antoine, à qui il donna sa sœur Octavie en mariage. Union de famille qui inaugura leur alliance politique dans le célèbre triumvirat avec Lépide, 43 ans avant l'ère chrétienne.

Triumvirs, ils commencèrent par proscrire impitoyablement tous leurs ennemis; puis ils marchèrent contre les restes du parti républicain et défirent à Philippes Brutus et Cassius, chefs de ce parti, désormais anéanti sous l'ascendant du jeune Octave, bientôt vainqueur à Actium et proclamé à Rome empereur, Auguste, et pacificateur, béni du monde romain, rendu par lui au repos, à la prospérité, à la culture des terres et au culte des lettres et de la civilisation, sous l'inspiration bienfaisante de Virgile, Horace, Tite-Live, Ovide, immortels génies qui lui font cortége dans l'histoire. Après César, dit M. Guizot, résumant ainsi le règne glorieux du neveu de César, héritier de son pouvoir, resté seul maître du monde romain, « Auguste prit en Gaule comme partout le rôle de pacificateur, réparateur, conservateur, organisateur, en ayant soin, sous des formes modestes, de rester toujours le maître (1). »

(1) M. Guizot, *Histoire de France à mes petits-enfants*, t. Ier, p. 75.

768 ans après J.-C. — Charles, qui, plus tard, comme Octave, proclamé empereur, devint Charlemagne, avait, comme lui, recueilli, jeune, cet héritage. Charles, du vivant de son père Pepin le Bref, fut couronné roi, à l'âge de vingt ans à peine, par le pape Étienne II. Il partagea d'abord le royaume paternel avec son frère Carloman. Faute politique que M. Guizot blâme sévèrement chez Pepin le Bref comme chez son père Charles Martel. Mais, selon la remarque du grave historien, « ainsi qu'il était arrivé déjà, en 746, par l'abdication du frère de Pepin, les événements se chargèrent de réparer l'erreur des hommes : la mort de Carloman rétablit bientôt l'unité par la proclamation de Charles, qui devint ainsi seul roi de la monarchie gallo-franco-germanique, ... puis ensuite aspirant au triple rôle de César, Auguste et Constantin (1) ! »

817. — Louis le Débonnaire réunit à Aix-la-Chapelle l'assemblée générale de ses États, et leur déclara qu'il était résolu d'associer au trône impérial Lothaire, son fils aîné, âgé de dix-neuf ans. Lothaire fut en effet couronné empereur (2).

898. — Charles le Simple, à dix-neuf ans,

____

(1) M. Guizot, *Hist. de France à mes petits-enfants*, t. Ier, p. 193, 194, 233.

(2) M. Guizot, *Hist. de France à mes petits-enfants*, t. Ier, p. 252.

2.

après la mort d'Eudes, fut reconnu seul roi de France (1).

987. — Hugues, roi par l'élection, « qui s'associait souvent à l'hérédité et l'avait plus d'une fois mise à l'écart, voulant laisser avec certitude, après sa mort, un héritier au trône, se concerta avec les grands et alla lui-même trouver le métropolitain de Reims, alors à Orléans, pour faire associer au trône son fils Robert. Hugues Capet prit en effet la pourpre et couronna solennellement, dans la basilique de Sainte-Croix, son fils Robert, aux acclamations des Français. Double élévation qui était la conséquence naturelle des principaux faits comme des mœurs de l'époque.

« Ainsi fut fondée la dynastie capétienne.

« Le carlovingien Charles de Lorraine essaya vainement de réclamer ses droits; après quelques apparences de succès, il mourut en 992, et ses descendants tombèrent sinon dans l'obscurité, du moins dans l'insignifiance politique (2). »

1042. — Guillaume le Conquérant, successeur de son père Robert le Magnifique au duché de Normandie, demanda, à peine âgé de quinze ans, à être

---

(1) M. Guizot, *Hist. de France à mes petits-enfants*, t. Ier. p. 247.

(2) M. Guizot, *Hist. de France à mes petits-enfants*, t. Ier, p. 281, 282.

armé chevalier. Brillant cavalier, il prit le commandement avec autorité et l'hérédité ducale avec l'éclat pressenti de sa future destinée sur le trône d'Angleterre. Prélude juvénile de sa prochaine grandeur.

1180. — Philippe-Auguste, à quinze ans, succède à son père Louis VII, sous la régence du comte de Flandre, avec qui il guerroya, et sous la direction de Robert Clément, maréchal de France, son gouverneur. Mais, quoique régnant d'abord sous ces deux influences, Philippe laissa bientôt entrevoir qu'il entendait régner par lui-même et régner avec puissance. « Quoi que fassent mes vassaux, disait-il pendant sa minorité, il me faut souffrir leurs forces et leurs grands outrages et leurs vilains méfaits ; mais, s'il plaît à Dieu, ils s'affaibliront et ils vieilliront, et moi, je croîtrai en force et en pouvoir, et je serai à mon tour vengé selon mon désir. » Il avait à peine vingt ans, lorsqu'un jour un de ses barons, le voyant ronger avec distraction et d'un air rêveur une petite branche verte, dit à ses voisins : « Si quelqu'un pouvait me dire ce que le roi pense, je lui donnerais mon meilleur cheval. » Un autre des assistants fit hardiment au roi la question. « Je pense à une chose, répondit Philippe, c'est à savoir si Dieu accordera à moi ou à l'un de mes hoirs la grâce d'élever la France à la hauteur où elle était du temps de Charlemagne (1).»

Rêve généreux, irréalisable même à l'âme haute de Philippe-Auguste, mais proportionnellement réalisable et réalisée par lui dans la mesure de ses forces et de son temps.

1226. — Saint Louis règne à onze ans, sous la *tutelle* de la reine Blanche, sa mère, mais officiellement en son propre nom ; puis, en 1236, seul, sans tutrice. (Guizot, *Hist. à mes enfants*, I, 497.)

1285. — Philippe IV succède, âgé de dix-sept ans, à Philippe III, le Hardi, fils de saint Louis.

(1) M. Guizot, *Hist. de France à mes petits-enfants*, t. Ier, p. 459.

1380. — « A peine Charles V était couché dans son cercueil, dit M. Guizot à ses petits-enfants, qu'on reconnut combien il manquait et manquerait à son royaume. La discorde éclata dans la famille royale. Pour abréger les temps toujours critiques des minorités, Charles le Sage avait fixé la majorité des rois à quatorze ans. Son fils, Charles VI, n'avait pas encore douze ans (1). »

Sans aptitude aux affaires sérieuses, il n'aimait que le bruit, l'éclat et le faste, les exercices du corps et les plaisirs, ne voyant dans la royauté que ses brillants hochets, dans la chevalerie qu'une galanterie banale et dissolue, prodigue et licencieux. Fêtes somptueuses, tournois et pompes éblouissantes aux Parisiens.

Éblouissements au nombre desquels l'histoire peut inscrire son triste mariage, à dix-sept ans, avec

(1) Guizot, *Hist. de France*, t. II, p. 209.

une belle jeune fille de quatorze, Isabeau de Ba-
vière, qui devait être un jour le fléau de la maison
de France.

Éblouissements que devait assombrir, au milieu
des folies de l'hôtel Saint-Paul, l'intermittence fatale
des folies de roi.

1423. — Charles VI mourait en 1422, en cet
hôtel Saint-Paul, à cinquante-quatre ans, après
quarante-deux ans d'une royauté nominale.

Mais la grâce de Dieu, miséricordieux pour la
France, alors envahie et morcelée sous le talon et
le sceptre de l'Angleterre, tenait en réserve en un
petit châtel nommé Espalli en Velai, le dauphin
Charles, qui là fut salué roi de France sous le nom
de Charles VII, et plus tard Charles le Victorieux.

A peine âgé de dix-neuf ans, Charles VII se fait
couronner à Poitiers avec quelque appareil, mais
privé de l'onction sainte, enfermée par l'étranger dans
Notre-Dame de Reims, dont la vierge héroïne de
Domrémy devait bientôt lui ouvrir les portes, à lui
Charles VII, désormais par elle roi de France, et
non plus seulement, selon les Anglais, *roi de
Bourges.*

Inauguration radieuse du règne qui, préparant le
réveil énergique du sentiment public, allait haute-
ment jusqu'à la pensée de revendiquer *les pays si-
tués en deçà du Rhin.* Étrange et invincible tendance

de la France, qui, avant d'être encore affranchie de l'étranger, reprenait ses entraînements irrésistibles vers les limites de la vieille Gaule, cherchant son avenir à travers les traditions de Charlemagne et des rois franks (1).

Énergie inépuisable de cette nation si souvent vaincue, épuisée par la guerre étrangère, par la guerre civile, et qui, toujours renaissant de ses cendres, revient à la vie et à la splendeur de ses destinées.

Ici c'était en 1453, la fin du moyen âge, et bientôt la mort de Charles VII, avec raison surnommé par ses contemporains Charles *le bien servi*, avant d'être pour la postérité Charles *le Victorieux*.

(1) Henri Martin, *Hist. de France*, t. VII, p. 333.

§ III.

1483. — Charles VIII avait quatorze ans lorsqu'il succéda à son père Louis XI, qui avait dé-
signé sa sœur Anne, âgée de vingt-deux ans,
comme mentor de son jeune frère. Pouvoir de *Ma-
dame Grande*, ainsi que l'on nommait Anne de
France, qui alla diminuant avec les années, à mesure que Charles grandissait. (*Hist.* de Cherrier.)

A vingt et un ans il épousait Anne de Bretagne,
transformant la cour sombre de Louis XI en car-
rousels brillants et chevaleresques, dont l'éclat ne
le détournait pas du jeu plus sérieux des champs
de bataille. Après avoir, d'une main, signé une paix
inviolable avec Henri VII d'Angleterre pour toute la
vie des deux monarques, un an après, il agitait, de
l'autre, l'oriflamme de la foi, rêvant Constantinople
et la Terre sainte. Cédant au désir enfantin d'une
aventureuse renommée, il entreprit la campagne
d'Italie sans un écu, ayant juré de ne pas faire un

pas en arrière qu'il n'eût visité *l'église à Monsieur saint Pierre de Rome.*

Par un bonheur incomparable, la foudroyante rapidité de sa conquête surpassa toutes les espérances; il n'avait pas été obligé de tendre une seule tente ni de rompre une seule lance.

Accompagné à son retour d'un cortége d'artistes, peintres, sculpteurs de Naples, dit Commines, il fit du château d'Amboise un séjour enchanté... et son tombeau; car, s'étant heurté la tête contre une porte dans un endroit obscur, il fut étourdi du choc et mourut quelques instants après. C'était le 7 avril 1498 que s'éteignait en lui, à l'âge de vingt-neuf ans, la race directe des Valois, pour passer par Louis XII à la branche collatérale de Valois-Orléans, descendue de Louis Ier, duc d'Orléans, second fils de Charles V. (Commines.)

1515. — A vingt et un ans, François Ier prenait possession du trône de Louis XII et du champ de bataille de Marignan. Son nom suffit à la gloire d'un règne qui, pendant trente-deux ans, a couvert la France, vaincue pourtant à Pavie, de splendeur et de prospérité.

Ainsi, à vingt et un ans il était vainqueur à Marignan; à trente et un, vaincu dans les plaines de Pavie. Alternative habituelle des armes.

1559. — François II avait quinze ans quand il

succéda à Henri II, et Charles IX, dix ans et demi
à la mort de François II, son frère aîné, comme le
plus jeune des trois frères. Henri III, à vingt-quatre
ans, remplaça Charles IX (1561). Trio .peu exem-
plaire sans doute ; mais, par le caractère (1574)
bien plus que par l'âge, réprouvé, comme tous les
Valois, par l'antipathie populaire.

1610. — Louis XIII, à huit ans et demi, sous
le gouvernement de Marie de Médicis, sa mère, est
chargé sur ses débiles épaules, par le crime de Ra-
vailhac, du lourd fardeau de la succession paternelle. Mais la Providence donna au jeune souverain
Richelieu, comme à Louis XIV, enfant de quatre
ans et demi, Mazarin ; à Louis XIII, la régence de
Marie de Médicis ; à Louis XIV, celle d'Anne d'Autriche.

L'histoire de notre pays a peu de pages, dans
la longue succession des âges, plus éclatantes que
celles de ce grand règne qui commence à l'enfance
du jeune roi et grandit avec lui. Nomenclature glo-
rieuse qui, sous toutes les formes, a placé et main-
tenu notre patrie pendant presque tout le XVIIe
siècle à la tête de l'Europe. OEuvre puissante du
grand roi, préparée par Richelieu et Mazarin, ac-
complie par Louis XIV : la formation et l'unifica-
tion de la France dans sa prépondérance euro=
péenne.

1643. — Le Grand Condé, premier prince du sang, avait vingt-deux ans à Rocroy.

1715. — Si la minorité de Louis XIV n'a pas préjudicié à la grandeur de la France, il n'en a pas été de même, il faut le reconnaître, de la minorité de Louis XV, à cinq ans et demi, sous la régence néfaste du duc d'Orléans, Philippe, prince d'Orléans, acclamé *régent* par le Parlement.

1774. — Louis XVI, petit-fils de Louis XV, monta à vingt ans sur le trône de son grand-père.

En dehors de l'histoire de France, nous avons de nombreux exemples de jeunes princes, et des plus illustres par leur règne, arrivés dans un âge précoce au souverain pouvoir. Nous en citerons au hasard quelques-uns.

1327. — Édouard III, à quinze ans, du vivant de son père, et après la mort d'Édouard II, sous la tutelle de sa mère, Isabelle de France, et l'autorité de Mortimer jusqu'à dix-huit ans. Mais alors, soupçonnant le meurtre de son père avec la muette complicité de sa mère, dans sa juvénile indignation, il fait pendre le meurtrier et enfermer sa mère. Affranchi de ces liens odieux, il règne seul et devient le terrible Édouard, de sinistre mémoire, par lui et par son fils *le Prince Noir*, à Crécy, à Poitiers, à Calais.

Gloire de l'envahisseur britannique néfaste à la France !

1422. — Amurat II, inaugurant à dix-huit ans un des règnes les plus éclatants qui aient honoré le trône ottoman.

1623. — Amurat IV, à treize ans, successeur de son oncle Mustapha, conquit par sa renommée guerrière sur les Polonais et sur les Persans, à Bagdad, le titre de *Ghazi* (le Victorieux).

1682-1689. — Pierre le Grand, à douze ans, investi par les grands de la pourpre souveraine, de préférence à son frère aîné, Jean, réputé incapable, qu'une révolte des Strélitz lui adjoignit d'abord, avec sa sœur Sophie, en partage du sceptre de Fédor III. Mais à dix-neuf ans, l'aiglon moscovite prit son vol tout seul, et le czaréwitch devint Pierre le Grand.

1697. — Charles XII, à quinze ans, soutient les efforts coalisés contre lui d'Auguste II, roi de Pologne, et de Pierre Ier, les bat à Narva, et inscrit son nom dans les fastes des plus grands monarques de l'histoire.

1841. — Le 18 juillet 1841, un prince allié de la famille d'Eugène Beauharnais, était, sous le nom de Don Pedro II, proclamé, à seize ans, empereur du Brésil, qu'aujourd'hui, après trente-cinq ans de durée non interrompue, malgré les troubles révolutionnaires de son origine, il gouverne encore avec un honneur et un bonheur inaltérés. Heureux pays du nouveau monde (1)!

(1) **1500.** — Découvert par le Portugais Cabral, le Brésil ne fut d'abord pour le Portugal qu'un lieu de déportation. La colonisation ne commença qu'en 1531. Peu à peu les Hollandais conquirent (**1624-1630**) presque tout le Brésil; mais les indigènes les en chassèrent (**1654**) et les Portugais prirent leur place.

Les rois de la maison de Bragance s'intitulaient rois de Portugal et de Brésil (**1812**). En 1807, ils se fixèrent à Rio, mais ils n'y restèrent que jusqu'en 1821. Leur retour à Lisbonne fit perdre le Brésil au Portugal.

1822. — Le Brésil déclara son indépendance, puis élut pour empereur Don Pedro Ier, fils de Jean IV. Quand la mort de ce dernier (**1826**) laissa les deux trônes à Don Pedro, roi de Portugal, ce prince céda la couronne de Portugal à sa fille Dona Maria. Néanmoins, des troubles s'étant élevés dans le Brésil (**1831**), Don Pedro fut forcé d'abdiquer.

1840. — Il céda la couronne du Brésil à son fils, Don Pedro II, né en 1825, qui régna par lui-même, proclamé empereur le 18 juillet 1841 (*). Dès son règne, ce grand empire, appelé par la nature et Dieu, sous l'influence d'un magnifique climat et d'une splendide abondance, aux plus riches destinées, a pris l'essor le plus prospère et le plus privilégié.

(*) — — — — Impératrice-mère : Amélie-Auguste-Eugénie-Napoleone, duchesse de Bragance, née le 31 juillet 1812, fille du prince Eugène, duc de Leuchtenberg, mariée le 2 août 1829 à Don Pedro Ier, empereur du Brésil, veuve le 24 septembre 1834, mère de Dom Pedro II, souverain actuel.

1848. — François-Joseph Ier, empereur d'Autriche, à dix-huit ans, déclaré majeur.

1875. — Le prince des Asturies, proclamé ro d'Espagne, sous le nom de Don Alphonse XII, est né le 28 novembre 1857. Il vient donc d'entrer dans sa dix-huitième année (1).

Consécration éclatante de cette chronologie de jeunes monarques par un exemple aussi solennel dans les conditions actuelles de cette nation voisine et amie de la France, dévorée depuis six années par la fièvre révolutionnaire, ravagée, comme la France, par les convulsions républicaines, depuis septembre 1868, déchue, elle aussi, au milieu de l'anarchie, de son ancienne splendeur.

Consécration éclatante du retour au gouvernement follement renversé.

Bienfaisante délivrance qui permettra enfin à un

---

(1) Fils d'Isabelle II, qui dut à la suppression, en 1830, de la loi salique, la couronne d'Espagne. Il est né en 1857 du mariage de la reine avec son cousin François d'Assise, roi-consort, père du nouveau souverain Alphonse XII. Isabelle, aujourd'hui reine mère, habite Paris, où elle a fixé depuis quelques années son séjour.

C'est également de Paris qu'est parti, le 6 janvier 1875, le jeune prince, appelé au trône de la Péninsule, où l'accompagnent les vœux et les espérances de la France.

Puisse cette jeune royauté, pure de toute atteinte des passions politiques, symbole du pouvoir tutélaire, de l'unité monarchique, seconder la France, par ses analogies et ses encouragements, dans la voie du salut et de la régénération.

noble peuple de reprendre le cours, trop long-temps interrompu, de sa prospérité et de sa grandeur passée.

Consécration éclatante de cette vérité, qui devrait être sur tous les édifices, publics et privés, incendiés par les révolutionnaires, gravée en lettres de feu :

Calamités des Révolutions.

ÉPHÉMÉRIDES

Analogies historiques entre l'Espagne et la France

ESPAGNE.	FRANCE.
Septembre 1868. — Révolution. Le trône de la reine Isabelle II est renversé par un coup de main.	Septembre 1870. — Révolution. Le trône de l'Empereur est renversé par un coup de main, aidé de l'armée prussienne, de l'invasion étrangère.
République proclamée. Anarchie. Compétition entre les Républicains et les Légitimistes. Carlistes (don Carlos), Maison de Bourbon. Maréchal Serrano, chef du Pouvoir exécutif.	République proclamée. Anarchie. Compétition entre les Républicains et les Légitimistes. Carlistes (Charles X), Maison de Bourbon. Maréchal de Mac-Mahon, chef du Pouvoir exécutif.
Gouvernement de la République sans Républicains. Le prince des Asturies, né le 28 novembre 1857. Il a dix-sept ans le 28 novembre 1874. Son exil en France, avec sa mère la reine Isabelle. 1874. Le trône renversé est relevé. 1875. Le prince des Asturies rappelé sous le nom de roi Alphonse XII. Et personne ne le dit trop jeune.	Gouvernement de la République sans Républicains. Le Prince Impérial, né le 16 mars 1856. Il a dix-neuf ans au 16 mars 1875. Son exil en Angleterre, avec l'Empereur et l'Impératrice. 1874. . . . . 1875. Le Prince Impérial finit ses études en février 1875 à l'école de Woolwich. . . . .

TABLE

Nomenclature sommaire des Princes arrivés jeunes au trône en France et en différents pays.

3020 — Paris, imp. Jouaust, rue Saint-Honoré, 338.